LA GRANDE IMAG

LA LUNE

Conception
Jack DELAROCHE

Auteur
Cathy FRANCO

Illustrations
Jacques DAYAN

Nous remercions pour sa collaboration
Daniel Kunth, astrophysicien.

FLEURUS

FLEURUS ÉDITIONS, 15-27, rue Moussorgski, 75018 PARIS
www.fleuruseditions.com

MYTHES ET IMAGINAIRE

Comme nous, nos plus lointains ancêtres ont vu la Lune changer de forme et de couleur ou disparaître sous leurs yeux. Mais à l'époque, la science n'expliquait pas encore ces phénomènes. À la fois familière et mystérieuse, proche et distante, la Lune était pour les hommes un objet de fascination mêlée de crainte. Elle leur a inspiré de nombreux mythes et légendes. Les plus grandes civilisations l'ont placée au rang de divinité.

Dragon dévorant la Lune et le Soleil

Pendant des millénaires, les éclipses de Lune et de Soleil ont terrorisé les hommes. Les anciens Chinois croyaient qu'elles étaient dues à un dragon qui dévorait ces astres, les faisant disparaître du ciel. Afin de chasser le monstre, ils tapaient sur un tambour et criaient. C'était efficace, puisque le Soleil ou la Lune revenait toujours !

Dieux et déesses de la Lune

De nombreuses civilisations ont fait de la Lune une divinité. Il y a plus de 4 000 ans, en Mésopotamie, dans l'actuel Irak, le peuple de la cité d'Ur bâtit un temple géant en l'honneur de Nanna, son dieu de la Lune. À gauche, Thot, le dieu lunaire de l'Égypte antique, était représenté avec un corps d'homme, une tête d'ibis et un croissant de lune sur la tête. La légende raconte que la déesse aztèque Coyolxauhqui, à droite, fut tuée par son frère, qui lui coupa la tête et la lança vers le ciel, où elle devint la Lune.

Tarqeq, esprit de la Lune

Chez les Inuits de l'Alaska, Tarqeq était l'esprit de la Lune. Du ciel, ce grand chasseur observait les hommes. Le masque le représentant, ci-dessus, était utilisé lors de cérémonies religieuses.

La fête de la Lune

Chaque année, au milieu de l'automne, les Chinois célèbrent la fête de la Lune. L'astre est alors dans sa phase pleine et brille, dit-on, d'un éclat particulier. C'est l'occasion pour les familles chinoises de se retrouver et d'assister à de nombreuses festivités durant lesquelles elles allument des lampions en adressant des vœux à la Lune et dégustent le mets traditionnel : le gâteau de Lune. Des décorations lumineuses sont aussi installées, comme le montre la photo ci-dessus, à Pékin.

La légende du loup-garou

Cette légende, selon laquelle un homme peut se transformer en un effroyable loup, était très ancrée au Moyen Âge, époque à laquelle l'animal était particulièrement redouté. On racontait que la transformation avait lieu les nuits de pleine lune, cette dernière véhiculant beaucoup de fantasmes et de superstitions.

7

LA FORMATION DE LA LUNE

La Lune est le satellite naturel de la Terre. Sous l'effet de l'attraction terrestre, elle tourne autour de notre planète en suivant une trajectoire que l'on appelle une orbite. Toutes les planètes du Système solaire, à l'exception de Mercure et de Vénus, ont une lune. À elle seule, Jupiter en compte plus de 60 ! L'origine de notre lune a longtemps fait l'objet de débats. Une théorie, cependant, a aujourd'hui acquis la faveur de la plupart des scientifiques.

Comment la Lune est-elle née ?

Il y a environ 4,5 milliards d'années, la toute jeune Terre aurait été heurtée par un gigantesque corps rocheux de la taille de la planète Mars, baptisé Théia. Après cet impact cataclysmique, une énorme quantité de matière aurait été arrachée à notre planète. Ces matériaux, ainsi que les débris de Théia, désintégrés sous la violence du choc, auraient été projetés dans l'espace.

Une partie des matériaux issus de la collision aurait échappé à l'attraction terrestre, tandis qu'une autre se serait mise à tourner autour de la Terre, formant un anneau de débris (ci-dessus). Ces derniers se seraient agglomérés, donnant naissance à la Lune. Sa formation se serait poursuivie pendant plusieurs millions d'années. La Lune fait 3 476 km de diamètre, environ le quart de celui de la Terre.

La Lune posséderait un noyau partiellement fondu, composé en grande partie de fer. Sous la croûte, d'une épaisseur de 50 à 75 km, se trouve le manteau, constitué de roches qui étaient très chaudes dans le passé. Épais d'environ 1000 km, il est principalement composé de silicates, des minéraux semblables à ceux du manteau terrestre, mais moins riches en métaux.

Une jeunesse mouvementée

La Lune telle que nous la connaissons a été façonnée par de violents bombardements de comètes et de météorites qui ont criblé sa surface de cratères, dont d'immenses bassins d'impacts de plusieurs centaines de kilomètres de diamètre. Fruit de l'activité volcanique, la lave issue des failles et des crevasses de la croûte lunaire est venue remplir ces bassins, formant de vastes plaines, les « mers ». Avec le temps, les gros impacts sont devenus rares. L'activité volcanique a peu à peu cessé.

Les grandes taches sombres que l'on voit à la surface de la Lune ont longtemps été prises pour des mers. Elles portent des noms poétiques : mers des Pluies (1), de la Sérénité (2), de la Tranquillité (3). Certains cratères sont bien visibles de la Terre avec des jumelles : Copernic (4), Tycho (5). Les rayons clairs qui en émanent correspondent aux impacts de météorites. Ce sont des retombées de poussières qui forment des traînées.

9

LES VISAGES DE LA LUNE

La Lune gravite autour de notre planète à une distance moyenne de 384 400 km. Elle tire son nom du mot latin *luna*, qui signifie « lumineuse ». Pourtant, la Lune ne produit pas de lumière comme les étoiles. Si elle brille, c'est uniquement parce qu'elle réfléchit la lumière émise par le Soleil, comme le ferait un miroir. Au cours d'un mois, la Lune semble changer de forme. Pourtant, elle reste ronde. Tout est une histoire d'éclairage et de position. Ces phases régulières de la Lune ont permis d'établir les premiers calendriers.

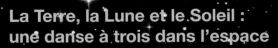

La Terre, la Lune et le Soleil : une danse à trois dans l'espace

La Lune tourne sur elle-même et fait le tour de la Terre dans un intervalle de temps de 27 jours et 8 heures, que l'on appelle un mois sidéral. Notre planète aussi tourne sur elle-même en 24 heures, et effectue une révolution complète autour du Soleil en une année. La Lune accompagne la Terre dans son mouvement annuel autour du Soleil. En gravitant autour de notre planète, elle stabiliserait la Terre sur son axe, assurant un climat propice à la vie telle que nous la connaissons.

Les phases de la Lune

Chaque jour, la Lune change de visage. En effet, comme elle tourne rapidement autour de la Terre, le Soleil ne cesse de l'éclairer sous un angle différent : ce sont les phases lunaires. La première phase est la « nouvelle lune ». On ne la voit pas, car à ce moment elle se trouve entre le Soleil et la Terre : le Soleil éclaire sa face cachée. Ce n'est qu'au bout de 29 jours et 13 heures (ce que l'on appelle un mois synodique, ou lunaison) que les trois astres sont à nouveau alignés. La Terre se trouve désormais entre la Lune et le Soleil, qui éclaire la face visible de notre satellite. C'est la « pleine lune ».

4

3

Dans les jours qui suivent la nouvelle lune (1), un croissant de plus en plus large (2) apparaît dans le ciel, car la partie de la Lune exposée au Soleil est de plus en plus visible. On dit que la lune est croissante. Le croissant devient un quartier de lune (3).

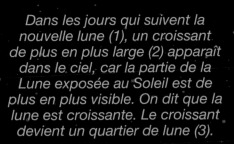

2

1

7

8

Bientôt, elle ne forme plus dans le ciel qu'un quartier (7), puis un mince croissant (8), jusqu'à disparaître à la nouvelle lune. Et le cycle recommence...

6

La Lune commence à décroître. On parle de lune gibbeuse décroissante (6).

La face cachée de la Lune

La Lune nous présente toujours la même face. C'est parce qu'elle tourne sur elle-même à la même vitesse qu'elle tourne autour de la Terre. C'est seulement en 1959 qu'une sonde soviétique, Luna 3 (voir p.19), nous a envoyé des images de sa face cachée. Elle est constellée de cratères mais présente beaucoup moins de mers que la face visible. Peut-être en raison de sa croûte, qui y est plus épaisse : la lave aurait traversé moins facilement cette croûte pour se répandre en surface et remplir les grands bassins d'impacts de météorites.

5

L'astre s'arrondit peu à peu. On parle de lune gibbeuse croissante (4). Gibbeuse vient du latin gibbosa qui signifie «bossue». Enfin, c'est la pleine lune (5). Elle apparaît désormais toute ronde à nos yeux.

Super lune

La Lune ne décrit pas une orbite ronde autour de la Terre, mais elliptique (ovale). Elle ne se trouve donc pas toujours à la même distance de notre planète. Cette distance varie de plus de 50 000 km suivant que la Lune se trouve à l'apogée (au plus loin de la Terre) ou au périgée (au plus près). Lorsque la Lune atteint son périgée, elle apparaît plus grande dans le ciel qu'à la normale. Si elle est pleine, l'effet est encore accentué, car notre satellite, dont on voit toute la surface, semble plus lumineux que de coutume : on parle alors de « super lune ». Proche de l'horizon, cette « super lune » est encore plus impressionnante, mais il s'agit là d'une illusion d'optique.

CACHE-CACHE DANS LE CIEL

La Lune, la Terre et le Soleil jouent parfois à cache-cache, ce qui donne lieu à des phénomènes impressionnants : les éclipses. La Lune peut masquer complètement le Soleil en plein jour (éclipse de Soleil) ou disparaître du ciel nocturne, masquée par la Terre (éclipse de Lune). On compte jusqu'à sept éclipses par an, dont au moins deux éclipses de Lune et deux de Soleil. Longtemps, inexpliqués, ces phénomènes ont inquiété les hommes. Aujourd'hui, ils constituent un spectacle apprécié de tous.

Une éclipse de Lune

Elle se produit uniquement lorsque la Lune est pleine et qu'elle est alignée avec la Terre et le Soleil. L'éclipse est totale quand la Lune passe entièrement dans l'ombre de la Terre (les trois astres forment alors un alignement parfait). Ne recevant plus la lumière du Soleil, la Lune s'assombrit, jusqu'à devenir quasiment invisible. Quand la Lune n'entre qu'en partie dans l'ombre de la Terre, l'éclipse est dite partielle.

Lune de sang

Dans la phase principale d'une éclipse, l'astre peut prendre une belle couleur rouge ou cuivrée plus ou moins prononcée. Ce phénomène, appelé lune de sang, est dû aux quelques rayons du Soleil qui parviennent jusqu'à la Lune, déviés par la haute atmosphère terrestre, qui ne laisse passer que la couleur rouge.

La ruse de Christophe Colomb

Lors du dernier voyage de Christophe Colomb, les Indiens refusèrent de fournir des vivres à ce dernier, échoué sur une île avec son équipage. Sachant, d'après ses tables d'astronomie, qu'une éclipse totale de Lune allait avoir lieu, l'explorateur les menaça de faire disparaître l'astre de la nuit. Voyant la Lune s'éclipser progressivement sous leurs yeux, les Indiens cédèrent à Colomb... qui « ordonna » à la Lune de réapparaître.

Une éclipse totale de Lune
(ci-dessus) peut être observée
dans toutes les régions de la
planète, plongée dans le noir
au moment du phénomène.

Quand la Lune éclipse le Soleil

Il arrive que la Lune passe exactement entre la Terre et le Soleil, masquant alors ce dernier pendant quelques minutes. Elle est pourtant 400 fois plus petite que le Soleil... mais aussi 400 fois plus proche de notre planète ! Une éclipse totale de Soleil est un phénomène très localisé, visible d'un seul endroit de la planète. En France, la prochaine n'aura lieu qu'en 2081 !

Lors d'une éclipse totale de Soleil,
on ne distingue plus de ce dernier
qu'un halo lumineux (image de
gauche). L'obscurité s'installe et
la température chute. L'anneau
de diamant (image de droite)
correspond à un dernier éclat
de soleil, juste avant que la
Lune ne cache complètement
l'astre. Il peut aussi apparaître
lorsque la Lune se retire.

Pour observer une éclipse de Soleil, il est
indispensable de porter des lunettes spéciales
sous peine de se brûler les yeux. Cela n'est
pas nécessaire pour une éclipse de Lune.

Une éclipse partielle
de Soleil : seul subsiste
un croissant solaire.

À droite, une étonnante
protubérance solaire
dépassant du disque
lunaire.

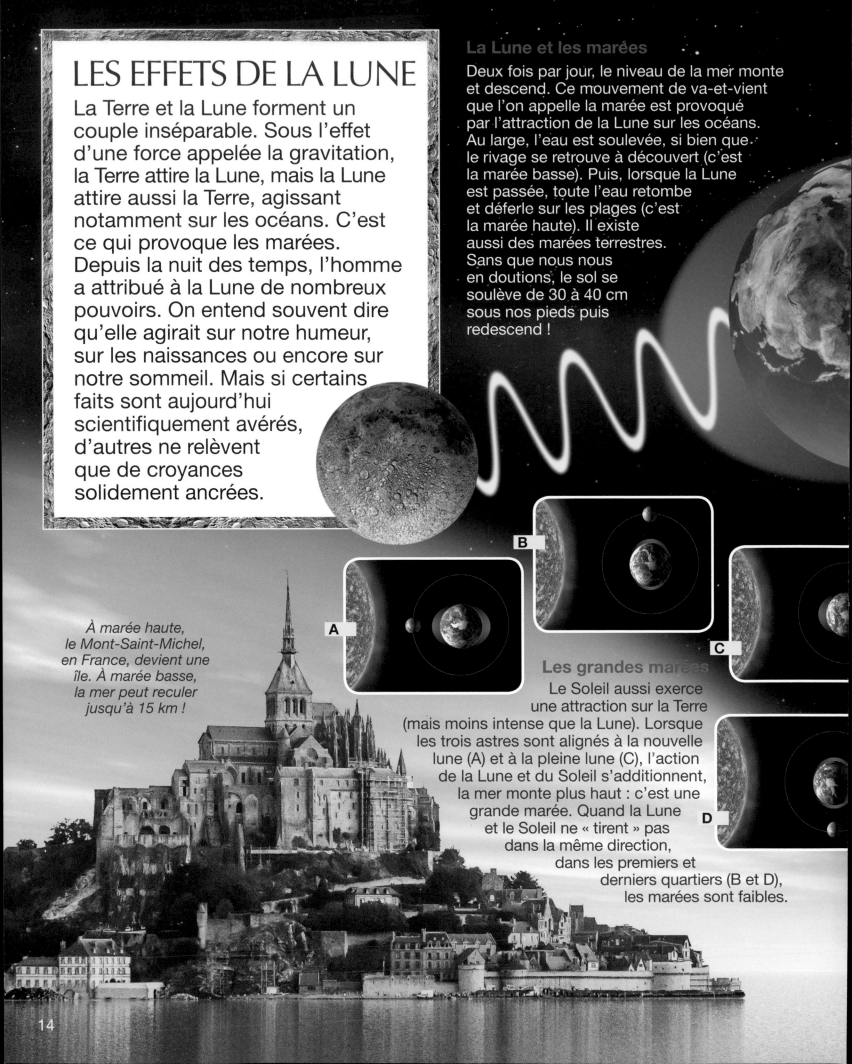

LES EFFETS DE LA LUNE

La Terre et la Lune forment un couple inséparable. Sous l'effet d'une force appelée la gravitation, la Terre attire la Lune, mais la Lune attire aussi la Terre, agissant notamment sur les océans. C'est ce qui provoque les marées. Depuis la nuit des temps, l'homme a attribué à la Lune de nombreux pouvoirs. On entend souvent dire qu'elle agirait sur notre humeur, sur les naissances ou encore sur notre sommeil. Mais si certains faits sont aujourd'hui scientifiquement avérés, d'autres ne relèvent que de croyances solidement ancrées.

La Lune et les marées

Deux fois par jour, le niveau de la mer monte et descend. Ce mouvement de va-et-vient que l'on appelle la marée est provoqué par l'attraction de la Lune sur les océans. Au large, l'eau est soulevée, si bien que le rivage se retrouve à découvert (c'est la marée basse). Puis, lorsque la Lune est passée, toute l'eau retombe et déferle sur les plages (c'est la marée haute). Il existe aussi des marées terrestres. Sans que nous nous en doutions, le sol se soulève de 30 à 40 cm sous nos pieds puis redescend !

À marée haute, le Mont-Saint-Michel, en France, devient une île. À marée basse, la mer peut reculer jusqu'à 15 km !

Les grandes marées

Le Soleil aussi exerce une attraction sur la Terre (mais moins intense que la Lune). Lorsque les trois astres sont alignés à la nouvelle lune (A) et à la pleine lune (C), l'action de la Lune et du Soleil s'additionnent, la mer monte plus haut : c'est une grande marée. Quand la Lune et le Soleil ne « tirent » pas dans la même direction, dans les premiers et derniers quartiers (B et D), les marées sont faibles.

Pourquoi la marée haute a-t-elle lieu simultanément du côté de la Terre qui fait face à la Lune... et aux antipodes, où aucune attraction ne s'exerce ? À cause de la force centrifuge, due au mouvement de rotation de la Terre sur elle-même. Cette force entraîne l'eau de la même façon qu'elle nous entraîne vers l'extérieur sur un tourniquet, nous obligeant à nous cramponner.

Comme la Terre tourne sur elle-même en 24 heures, la Lune n'est pas toujours au-dessus des mêmes lieux, ce qui explique l'alternance de marées basses et de marées hautes.

D'incroyables effets

L'attraction constante de la Lune, qui soulève les océans et la croûte terrestre, fait que notre planète tourne de moins en moins vite sur son axe. Cela provoque un allongement des journées (il y a 900 millions d'années, elles ne duraient que 18 heures) et un éloignement progressif de la Lune... de 3,8 cm par an ! Pas assez, cependant, pour s'en inquiéter avant des centaines de millions d'années.

Vrais et faux pouvoirs de la Lune

Plus de crimes à la pleine lune ou d'actes de folie ? Même si la croyance a la vie dure, les études statistiques tendent à prouver que ce n'est pas le cas. Les chiffres sont encore plus catégoriques concernant les naissances : il n'y aurait pas plus de bébés nés à la pleine lune que les autres jours. Inutile également de se couper les cheveux ces jours-là, ils ne repousseront pas plus vite. Faut-il jardiner en suivant les phases lunaires ? Beaucoup de jardiniers s'y fient. En revanche, le linge blanchit bien à la pleine lune, mais l'astre n'en est pas directement responsable. C'est la rosée qui, par une réaction chimique provoquée ces soirs-là, le décolore. Ce qui est vrai, c'est que la pleine lune a une influence directe sur notre sommeil, même si la raison en reste mystérieuse. On met plus de temps à s'endormir et le temps de sommeil profond, récupérateur, est moins long.

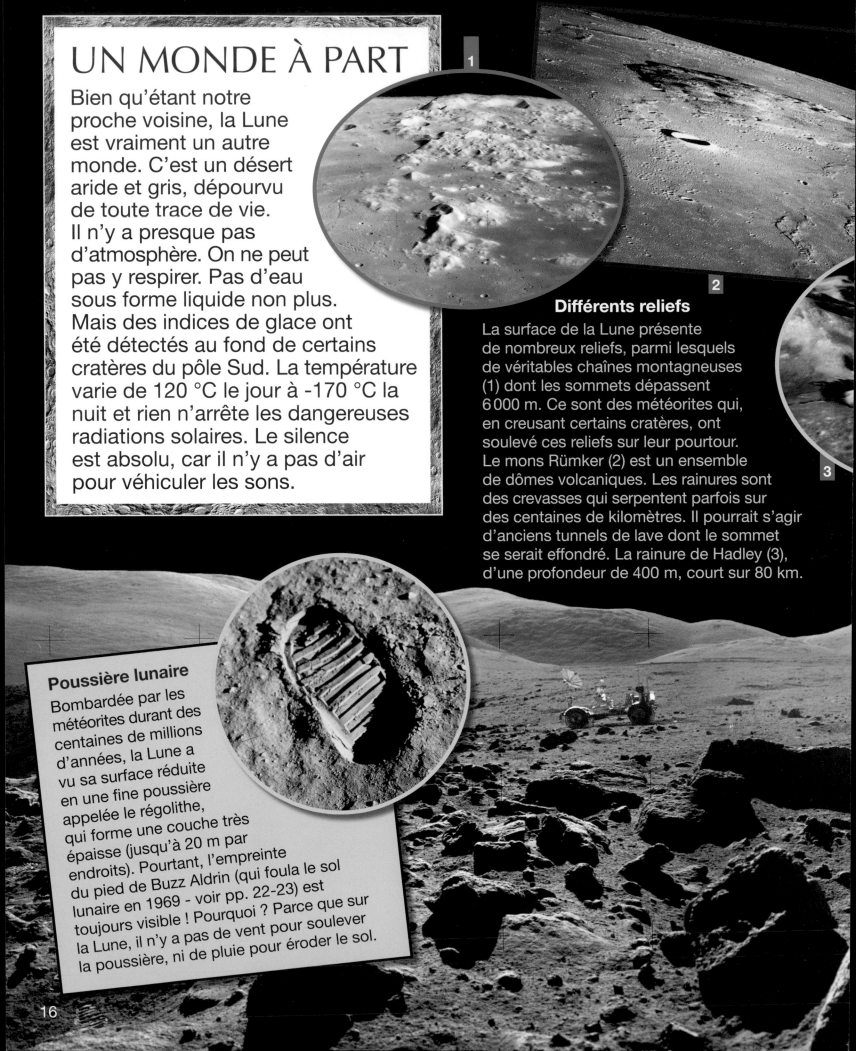

UN MONDE À PART

Bien qu'étant notre proche voisine, la Lune est vraiment un autre monde. C'est un désert aride et gris, dépourvu de toute trace de vie. Il n'y a presque pas d'atmosphère. On ne peut pas y respirer. Pas d'eau sous forme liquide non plus. Mais des indices de glace ont été détectés au fond de certains cratères du pôle Sud. La température varie de 120 °C le jour à -170 °C la nuit et rien n'arrête les dangereuses radiations solaires. Le silence est absolu, car il n'y a pas d'air pour véhiculer les sons.

Différents reliefs

La surface de la Lune présente de nombreux reliefs, parmi lesquels de véritables chaînes montagneuses (1) dont les sommets dépassent 6 000 m. Ce sont des météorites qui, en creusant certains cratères, ont soulevé ces reliefs sur leur pourtour. Le mons Rümker (2) est un ensemble de dômes volcaniques. Les rainures sont des crevasses qui serpentent parfois sur des centaines de kilomètres. Il pourrait s'agir d'anciens tunnels de lave dont le sommet se serait effondré. La rainure de Hadley (3), d'une profondeur de 400 m, court sur 80 km.

Poussière lunaire

Bombardée par les météorites durant des centaines de millions d'années, la Lune a vu sa surface réduite en une fine poussière appelée le régolithe, qui forme une couche très épaisse (jusqu'à 20 m par endroits). Pourtant, l'empreinte du pied de Buzz Aldrin (qui foula le sol lunaire en 1969 - voir pp. 22-23) est toujours visible ! Pourquoi ? Parce que sur la Lune, il n'y a pas de vent pour soulever la poussière, ni de pluie pour éroder le sol.

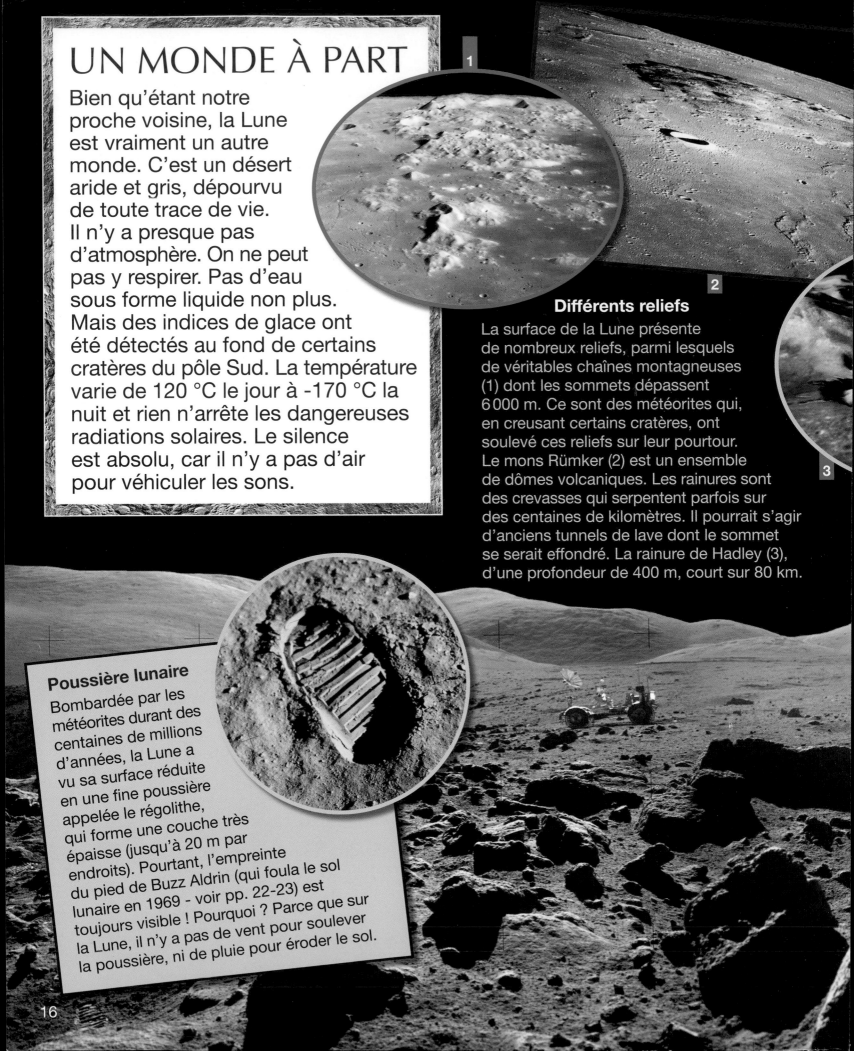

Des cratères par milliers

L'immense majorité des cratères lunaires sont dus à des impacts de météorites (très peu ont une origine volcanique). On en trouve de toutes les tailles, du micro-cratère au géant de 2 500 km de diamètre (bassin d'Aitken, au pôle Sud). Rien que sur la face visible de l'astre, on a dénombré 300 000 cratères de plus d'un kilomètre de diamètre. Leur profondeur peut atteindre 6 000 m, soit environ 18 tours Eiffel empilées ! L'image de droite montre un très beau cratère de la face cachée de la Lune, nommé Dédale. Il fait 80 km de diamètre. À proximité est situé un petit cratère, dit « satellite ».

« C'est beau, beau, beau ! Une magnifique désolation ! » Tels furent les mots de Buzz Aldrin en foulant le sol lunaire le 21 juillet 1969, lors de la mission Apollo 11 (voir pp. 22-23). À gauche, l'astronaute Jack Schmitt (mission Apollo 17).

Des ombres dures sous un ciel noir

Sur Terre, notre atmosphère diffuse la lumière du Soleil, donnant au ciel différentes teintes : bleue, mais aussi rouge ou orange au crépuscule. Sur la Lune, en l'absence d'atmosphère, le ciel est toujours noir. Sous un Soleil intense, les ombres sont particulièrement dures et les températures très élevées. La nuit, en revanche, comme il n'y a pas de couverture pour retenir la chaleur emmagasinée le jour, les températures deviennent glaciales.

OBJECTIF LUNE

La Lune a toujours fasciné les hommes. Ils l'ont d'abord observée à l'œil nu, puis ont utilisé des lunettes et des télescopes pour mieux l'étudier et la cartographier. Les récits imaginaires de voyages vers la Lune sont innombrables. Au fil du temps, les auteurs de fiction se sont adaptés à l'évolution des connaissances scientifiques et techniques. Enfin, au XXe siècle, le fabuleux rêve d'atteindre la Lune devient un objectif pour lequel tout est mis en œuvre.

Des récits de voyage

Dans les livres *De la Terre à la Lune* (1865) et *Autour de la Lune* (1870), le célèbre romancier français Jules Verne propulse ses trois héros vers la Lune à bord d'un obus géant lancé par un immense canon. Ils tournent autour de la Lune, survolant sa face cachée, avant de retomber avec succès dans l'océan Pacifique. Un récit étrangement visionnaire, un siècle avant la mission Apollo 11.

Dans Le Voyage dans la Lune, *un film réalisé par Georges Méliès en 1902, un obus habité vient se planter dans l'œil de la Lune. L'équipage est fait prisonnier par les Sélénites, les habitants de la Lune.*

Un pionnier

En 1926, l'Américain Robert H. Goddard parvient le premier à lancer une fusée propulsée par un mélange d'essence et d'oxygène liquide. L'engin s'élève jusqu'à 12,5 m. Ci-dessous, la photo montre Goddard (tout à gauche) en 1940 devant une fusée de sa conception. L'homme, qui rêvait de voyages vers la Lune, meurt toutefois trop tôt, en 1945. À partir des années 1930, les fusées bénéficient de progrès rapides, en tant qu'armes de guerre pour lancer sur l'ennemi des charges explosives.

Sorti en 1950, le film Destination Lune remporte un franc succès. En 1954, c'est au tour du dessinateur Hergé d'envoyer Tintin sur cet astre dans On a marché sur la Lune. La conquête de la Lune est plus que jamais un thème populaire.

Les débuts de l'ère spatiale

Le 4 octobre 1957, le lancement par les Soviétiques du satellite artificiel Spoutnik 1 marque le début de la conquête spatiale. L'engin est placé en orbite autour de la Terre par une fusée. Une véritable course à l'espace s'est engagée entre les deux grandes puissances du monde : les États-Unis et l'Union soviétique. À l'époque, on ne vise pas encore la Lune. On cherche déjà à savoir s'il est risqué ou non d'envoyer des êtres vivants dans l'espace. Les Soviétiques envoient alors un chien ! Et les Américains, un singe !

Le 12 avril 1961, le cosmonaute russe Youri Gagarine devient le premier homme à voyager dans l'espace. Il fait le tour de la Terre à bord du vaisseau Vostok en 108 minutes.

Les sondes vers la Lune

À la fin des années 1950, Américains et Soviétiques entreprennent d'envoyer des sondes d'exploration vers la Lune à l'aide de fusées de plus en plus puissantes. En 1958, la sonde américaine Pioneer 1 ne parvient pas à atteindre son objectif : l'orbite lunaire. En 1959, les Soviétiques accumulent les succès. Leur sonde Luna 1 passe à seulement 5 995 km de la Lune. Luna 2 touche quant à elle le sol lunaire, une première ! Enfin, Luna 3 fait le tour de la Lune et dévoile à l'humanité la toute première photographie de sa face cachée.

Luna 3

La première photo de la face cachée de la Lune prise par la sonde Luna 3, en octobre 1959.

Le 25 mai 1961, le président des
États-Unis, J. F. Kennedy, prononce
un discours dans lequel il affiche sa
volonté d'envoyer un homme sur la Lune
avant la fin de la décennie. Mais nombre
de techniques restent à acquérir avant
un vol lunaire. Dans cette optique, le
programme Gemini est mis en œuvre.
L'objectif : entraîner les astronautes
aux vols de longue durée, aux sorties
dans l'espace, aux manœuvres...
La capsule Gemini (ci-dessus)
peut embarquer 2 astronautes
et se placer en orbite
autour de la Terre.

*L'astronaute Edward
White lors d'une sortie
extravéhiculaire (hors
de la capsule) pendant
la mission Gemini 4,
le 3 juin 1965.*

Le programme Apollo

C'est la dernière étape
vers la Lune. Les Américains
conçoivent à cet effet un lanceur
très puissant : Saturn V. Mais le
programme débute tragiquement.
Les trois membres de l'équipage d'Apollo 1,
dont Edward White, périssent dans l'incendie
de leur cabine, lors d'une répétition au sol,
le 27 janvier 1967. Plusieurs lancements,
inhabités, se succèdent, visant à tester
le matériel. En octobre 1968,
la mission Apollo 7 emmène
trois astronautes pour un vol
en orbite autour de la Terre,
où ils répètent plusieurs
manœuvres.

Saturn V

*Cette fusée est
une géante de 111 m
de haut (la hauteur d'un
immeuble de 36 étages).
Elle pèse 2 800 tonnes ! C'est
la plus grosse jamais construite.
D'une formidable puissance, elle atteint
une vitesse de 29 000 km/h ! Elle est formée
de trois étages, dotés chacun de moteurs
et de réservoirs de carburant. Le troisième étage
abrite le vaisseau Apollo, composé d'un module
de commande (CM) où voyagent les astronautes,
d'un module de service (SM), fournissant oxygène,
eau et énergie au module de commande, et du module
lunaire (LM ou LEM), qui se posera sur la Lune.*

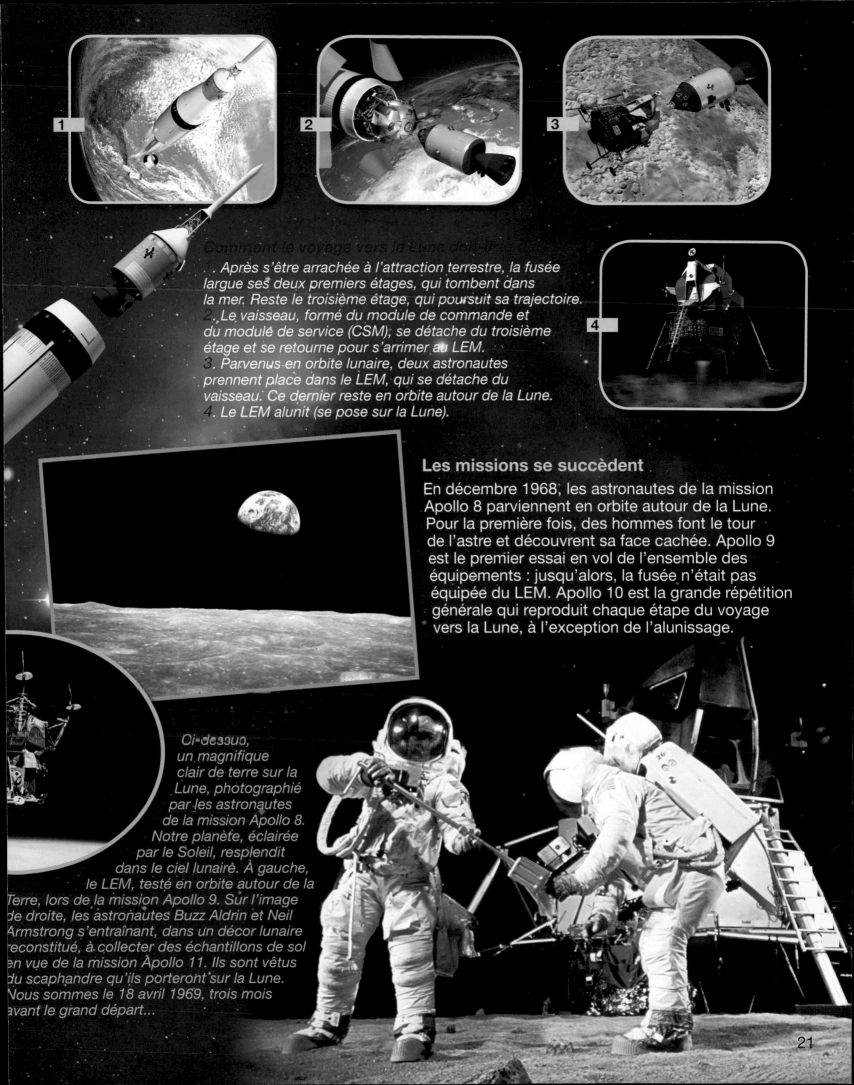

Comment le voyage vers la Lune doit-il se dérouler ?

1. Après s'être arrachée à l'attraction terrestre, la fusée largue ses deux premiers étages, qui tombent dans la mer. Reste le troisième étage, qui poursuit sa trajectoire.
2. Le vaisseau, formé du module de commande et du module de service (CSM), se détache du troisième étage et se retourne pour s'arrimer au LEM.
3. Parvenus en orbite lunaire, deux astronautes prennent place dans le LEM, qui se détache du vaisseau. Ce dernier reste en orbite autour de la Lune.
4. Le LEM alunit (se pose sur la Lune).

Les missions se succèdent

En décembre 1968, les astronautes de la mission Apollo 8 parviennent en orbite autour de la Lune. Pour la première fois, des hommes font le tour de l'astre et découvrent sa face cachée. Apollo 9 est le premier essai en vol de l'ensemble des équipements : jusqu'alors, la fusée n'était pas équipée du LEM. Apollo 10 est la grande répétition générale qui reproduit chaque étape du voyage vers la Lune, à l'exception de l'alunissage.

Ci-dessous, un magnifique clair de terre sur la Lune, photographié par les astronautes de la mission Apollo 8. Notre planète, éclairée par le Soleil, resplendit dans le ciel lunaire. À gauche, le LEM, testé en orbite autour de la Terre, lors de la mission Apollo 9. Sur l'image de droite, les astronautes Buzz Aldrin et Neil Armstrong s'entraînant, dans un décor lunaire reconstitué, à collecter des échantillons de sol en vue de la mission Apollo 11. Ils sont vêtus du scaphandre qu'ils porteront sur la Lune. Nous sommes le 18 avril 1969, trois mois avant le grand départ...

ON A MARCHÉ SUR LA LUNE

Le 16 juillet 1969 au matin, la fusée Saturn V s'apprête à décoller, emmenant à son bord les astronautes de la mission Apollo 11. Il s'agit de Neil Armstrong, Edwin Aldrin, surnommé Buzz, et Michael Collins. Tous trois anciens pilotes de chasse, ils ont fait leurs armes à bord de la capsule Gemini (voir page précédente). Pour la première fois, des hommes vont fouler le sol lunaire. 600 millions de téléspectateurs vont assister en direct à leurs exploits.

De gauche à droite, Neil Armstrong, Michael Collins et Buzz Aldrin, les trois astronautes de la mission Apollo 11, qui emmène les premiers hommes sur la Lune.

Le grand départ

Ce 16 juillet 1969, les trois astronautes se sont installés à bord du vaisseau Apollo, sous la coiffe de la gigantesque fusée Saturn V. Dans la salle de contrôle, le compte à rebours commence : 10... 9 (allumage des moteurs du premier étage) 8... 7... 6... 5... 4... 3... 2... 1... 0 (mise à feu). Il est 9 h 32, heure locale : dans un grondement impressionnant, qui fait trembler le sol jusqu'à 8 km alentour, Saturn V s'arrache du sol, puis de l'attraction terrestre.

La fusée Saturn V décolle de Cap Kennedy, en Floride, par une belle journée ensoleillée. Des dizaines de milliers de personnes se sont déplacées pour assister à l'événement.

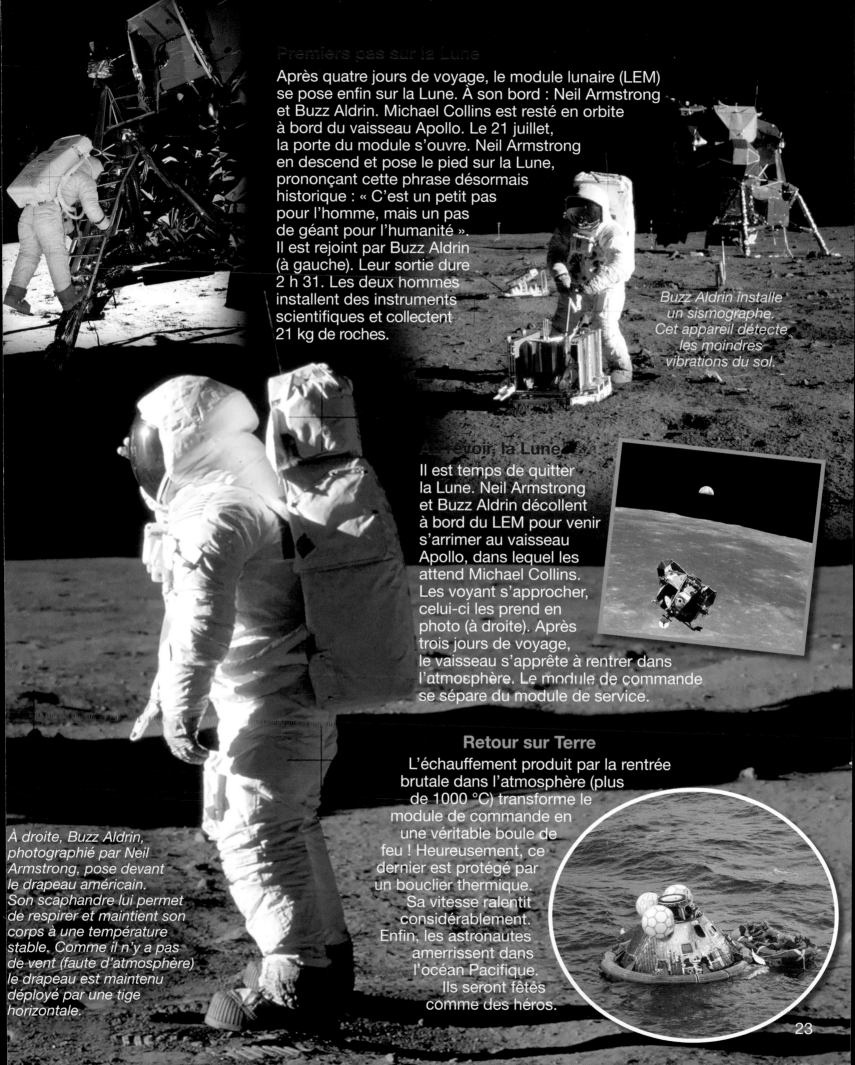

Premiers pas sur la Lune

Après quatre jours de voyage, le module lunaire (LEM) se pose enfin sur la Lune. À son bord : Neil Armstrong et Buzz Aldrin. Michael Collins est resté en orbite à bord du vaisseau Apollo. Le 21 juillet, la porte du module s'ouvre. Neil Armstrong en descend et pose le pied sur la Lune, prononçant cette phrase désormais historique : « C'est un petit pas pour l'homme, mais un pas de géant pour l'humanité ». Il est rejoint par Buzz Aldrin (à gauche). Leur sortie dure 2 h 31. Les deux hommes installent des instruments scientifiques et collectent 21 kg de roches.

Buzz Aldrin installe un sismographe. Cet appareil détecte les moindres vibrations du sol.

Au revoir, la Lune !

Il est temps de quitter la Lune. Neil Armstrong et Buzz Aldrin décollent à bord du LEM pour venir s'arrimer au vaisseau Apollo, dans lequel les attend Michael Collins. Les voyant s'approcher, celui-ci les prend en photo (à droite). Après trois jours de voyage, le vaisseau s'apprête à rentrer dans l'atmosphère. Le module de commande se sépare du module de service.

Retour sur Terre

L'échauffement produit par la rentrée brutale dans l'atmosphère (plus de 1000 °C) transforme le module de commande en une véritable boule de feu ! Heureusement, ce dernier est protégé par un bouclier thermique. Sa vitesse ralentit considérablement. Enfin, les astronautes amerrissent dans l'océan Pacifique. Ils seront fêtés comme des héros.

À droite, Buzz Aldrin, photographié par Neil Armstrong, pose devant le drapeau américain. Son scaphandre lui permet de respirer et maintient son corps à une température stable. Comme il n'y a pas de vent (faute d'atmosphère) le drapeau est maintenu déployé par une tige horizontale.

DES MISSIONS D'EXPLORATION

Après le succès d'Apollo 11, les expéditions vers la Lune s'enchaînent. Entre novembre 1969 et décembre 1972, six autres missions habitées Apollo s'envolent vers l'astre en vue de l'explorer. En juillet 1971, l'équipage d'Apollo 14 dispose pour la première fois d'un véhicule lunaire, une Jeep ! À la même époque, les Soviétiques poursuivent leurs explorations par l'envoi de sondes de plus en plus précises.

Apollo 15
Apollo 17
Apollo 14
Apollo 11
Apollo 12
Apollo 16

Cette carte montre les sites d'alunissage des missions Apollo : la mer de la Tranquillité (Apollo 11), l'océan des Tempêtes (Apollo 12), le massif montagneux Fra Mauro (Apollo 14), la région du mont Hadley (Apollo 15), celle du mont Descartes (Apollo 16) et la vallée de Taurus Littrow (Apollo 17). La mission Apollo 13 manque de tourner au drame après une explosion dans le vaisseau alors que l'équipage se dirige vers la Lune. Il doit rebrousser chemin et parvient tant bien que mal à regagner la Terre.

Au travail !

Au cours des missions Apollo, les astronautes ont pu découvrir une grande variété de paysages et de formations géologiques. Ils ont collecté 382 kg de roches lunaires, effectué des centaines de relevés, pris d'innombrables photos. L'analyse des roches et des données a permis de mieux connaître la Lune, son âge approximatif, sa composition et celle de son infime atmosphère. Grâce aux ondes envoyées dans le sous-sol, on a pu se faire une idée de sa structure interne. Les échantillons recueillis dans les cratères et sur leurs bords ont également permis de reconstituer une partie de son histoire.

À gauche, l'astronaute Jack Schmitt, de la mission Apollo 17, recueille de petits échantillons de roches à l'aide d'une pelle. Ils seront analysés de retour sur Terre.

Une Jeep lunaire

Cet incroyable véhicule a été utilisé par les équipages des missions Apollo 15, 16 et 17. Les astronautes ont pu ainsi couvrir une surface d'exploration beaucoup plus étendue que lors des précédentes missions. Disposant de deux sièges et d'une caméra mobile, le véhicule se déplaçait grâce à des batteries électriques à une vitesse moyenne de 11 km/h. Il pouvait parcourir jusqu'à 65 km, mais les astronautes ne s'éloignaient jamais à plus de 10 km du module lunaire... pour pouvoir revenir à pied en cas de panne !

Mesurer la distance Terre-Lune

Les astronautes des missions Apollo 11, 14 et 15 ont installé sur le sol lunaire des réflecteurs équipés de miroirs. Ces instruments, qui fonctionnent encore aujourd'hui, renvoient un rayon laser émis depuis la Terre qui permet de calculer la distance Terre-Lune à 2 cm près.

Robots lunaires

Un peu plus d'un an après le succès d'Apollo 11, la sonde soviétique robotisée Luna 16 se pose sur la Lune. L'engin fore la roche pour récolter des échantillons et les rapporte sur Terre sans aucune intervention humaine, une première ! Les Russes n'en restent pas là. Deux mois plus tard, ils vont téléguider depuis la Terre le premier robot d'exploration lunaire, Lunokhod 1. Ce drôle de véhicule, alimenté par des panneaux solaires, va parcourir près de 11 km et transmettre à la Terre plus de 20 000 clichés de la surface lunaire, ainsi que 500 tests et analyses d'échantillons de son sol. En 1973, son frère jumeau, Lunokhod 2, bat un record : 37 km parcourus !

RETOUR VERS LA LUNE

À partir des années 1970, de nouveaux programmes spatiaux voient le jour : construction de la première station spatiale ; exploration du Système solaire à l'aide de sondes. Et puis, dans les années 1990, l'intérêt pour la Lune se réveille. Avec l'évolution des technologies, il est désormais possible de connaître l'astre plus en détail et d'en obtenir des cartes très précises. Plusieurs nations y envoient des sondes pour l'étudier. On envisage même d'y construire des bases permanentes.

Regain d'intérêt pour la Lune

Depuis 1994, les États-Unis, l'Europe, le Japon, l'Inde ou encore la Chine ont envoyé des sondes vers la Lune. Elles ont permis de cartographier intégralement sa surface, ses reliefs (en 3D), d'étudier plus précisément la composition de son sol (roches, minéraux, ressources potentielles), de déceler puis de confirmer la présence de glace d'eau dans les cratères situés près des pôles... Ci-dessus, la sonde européenne Smart 1, lancée vers la Lune en 2003 pour l'étudier et tester un nouveau mode de propulsion.

Ci-contre, le petit rover d'exploration chinois Yutu, déposé sur la Lune en 2013 par la sonde Change 3. La Chine ambitionne d'envoyer les premiers « taïkonautes » sur la Lune d'ici à 2025-2030.

Sur la face cachée de la Lune, les télescopes offriraient une vue privilégiée sur les profondeurs de l'espace.

Chaque module peut accueillir trois personnes. Il comprend un espace de vie et de travail. La structure est à l'épreuve des impacts de micrométéorites.

Une base permanente sur la Lune ?

L'idée fait son chemin. Cela permettrait d'approfondir les connaissances sur notre satellite ou encore d'observer l'Univers sans aucune perturbation atmosphérique ou lumineuse. La Lune pourrait servir de base pour des répétitions en vue d'une future mission habitée vers Mars. On y testerait divers équipements, technologies et manœuvres. On y apprendrait à vivre de façon autonome. Elle pourrait aussi constituer une étape vers des destinations plus lointaines.

L'exploitation des ressources

La Lune recèle de nombreuses ressources exploitables : fer, aluminium, titane, manganèse ou encore hélium 3, un élément chimique contenu dans la poussière lunaire et extrêmement rare sur Terre, qui pourrait devenir le carburant indispensable des centrales nucléaires de demain. La Chine, lors des deux premières missions Change, a répertorié les plus grands dépôts d'hélium 3. La Russie envisage d'exploiter les ressources lunaires avec des robots. Les États-Unis songent quant à eux à réglementer leur exploitation commerciale.

Lunar 1 : l'incroyable projet

Plutôt que de construire une base sur la Lune, pourquoi ne pas l'imprimer en 3D ? C'est le projet de l'ESA (Agence spatiale européenne), en collaboration avec des ingénieurs et des architectes. Aujourd'hui, on peut en effet imprimer des objets en volume. L'essentiel de la base serait ainsi fabriqué avec le régolithe, cette poussière qui recouvre le sol lunaire (p.16). Une méthode beaucoup plus économique que d'acheminer les matériaux de construction depuis la Terre !

Dans cette scène d'interprétation, l'atterrisseur lunaire (1) se pose sur la surface. Il transporte une capsule (2) qui contient tout ce qu'il faut pour construire un module d'habitation. La capsule est déchargée (3) ; son extrémité s'entrouvre et laisse s'échapper de l'air sous pression qui gonfle un énorme ballon en forme de dôme. Ce dernier sert de support à l'impression en 3D d'un bunker à l'allure d'igloo (4).

Les deux imprimantes géantes sont équipées d'une pelle pour récolter la poussière lunaire et d'un bras robotisé muni d'une tête d'impression.

Lunar 1 serait implantée sur la face cachée de la Lune, au pôle Sud. La présence d'eau sous forme de glace et la durée d'ensoleillement (propice à l'installation de panneaux solaires qui alimenteraient la base en électricité) en font un site privilégié. Robots et humains devraient y travailler ensemble.

TABLE DES MATIÈRES

MDS : 661 244
ISBN : 978-2-215-143-970
© FLEURUS ÉDITIONS, 2016
Dépôt légal à la date de parution.
Conforme à la loi n° 49-956 du 16 juillet 1949
sur les publications destinées à la jeunesse.
Imprimé en Italie (01/2016).